LE LOTO DE LA LULU

Christian ROSSIGNOL

Éditions ART ET COMÉDIE
3, rue de Marivaux
75002 PARIS

À mes amis Jean-Pierre et Loïc, pour les mémorables parties de pêche en mer que nous avons partagées. Les sourires de l'un et les nausées de l'autre sont à l'origine de cette pièce, et quelques-unes de leurs réflexions sur le monde en constituent la trame.

CHRISTIAN ROSSIGNOL

DÉCOR

L'action se déroule à l'intérieur du café de Lucienne, le seul de l'île d'Ouassec.

Au fond : côté cour, un petit bar ; côté jardin, un passage découvrant un escalier dont on ne voit que les deux ou trois premières marches ; au centre, une petite fenêtre.

Côté cour : au premier plan, la porte des toilettes ; au second, la porte d'entrée du café.

Côté jardin : au premier plan, la porte du jardin ; au second, la porte de la cuisine.

Deux ou trois petites tables et quelques chaises.

PERSONNAGES

Lulu : Lucienne Le Guérec, dite Lulu. Rude Bretonne bretonnante qui porte la coiffe et tient un café sur l'île d'Ouassec. Autoritaire et rusée, elle a un cœur d'or.

Le capitaine : Loïc Le Goff, ami d'enfance et souffre-douleur de Lulu. Capitaine de « La Marie-Claudette », fan de Claude François et du chouchen.

Nanard : Jean-Bernard Chopineau, neveu cupide de Lulu, prince du pléonasme et roi des mots tordus, il a le Q.I. d'un bigorneau.

Rocket : Marie-Christine Chopineau, nièce de Lulu. Égoïste, méchante et prête à tout pour de l'argent, c'est une loubarde punk comme on en voit peu. Elle a une coiffure très colorée et porte des plumes et des chaînes.

Bébel : Abdel, copain rappeur de Rocket. Roi de la vanne, il a le cœur sur la main.

Alexandra : Alexandra Lecaire, conseillère financière de Lulu. B.C.B.G. un peu coincée et prête à tout pour sa carrière.

*Le rideau est fermé et la salle est dans le noir. On entend une
bande-son : une musique traditionnelle bretonne et des cris
de mouettes, puis la sirène d'un bateau qui annonce son entrée
au port. Le rideau s'ouvre alors sur une scène vide et l'on entend
une voix off.*

Voix off. – Ah ! la Bretagne, ses paysages uniques et ses
traditions séculaires ! La beauté sauvage de ses côtes, le calme
de ses îles préservées ! Ah ! la Bretagne bretonnante, l'authen-
ticité de ses habitants et son climat vivifiant !

Le capitaine, *entrant en toussant et crachant.* – Cré vain Dieu
de temps de chien jaune ! Fait un vent à décorner les cocus !
(Bas, au public.) Contre les coups de tabac, rien de mieux qu'un
p'tit coup de chouchen ! *(Il se sert un verre en chantonnant.)* « Ça
s'en va et ça revient… »

Lulu, *off.* – Deux euros cinquante !

Le capitaine. – Ben cru qu'on n'arriverait pas à bon port !
Heureusement que « La Marie-Claudette » est un fameux bateau !
(Il se sert un deuxième verre de chouchen en se cachant un peu plus.)

Lulu, *off.* – Cinq euros !

LE CAPITAINE, *râlant*. – Rrrrh ! Si ces satanés touristes n'avaient pas insisté, j'serions resté à quai. *(Il se sert un troisième verre de chouchen après avoir changé de place sur la pointe des pieds.)*

LULU, *off*. – Sept euros cinquante !

LE CAPITAINE. – Mais nom d'un merluchon avarié, comment qu'elle fait ?

LULU, *entrant*. – Comme je peux et surtout… *(Elle tend la main pour demander l'argent.)*… comme je veux.

LE CAPITAINE. – Tiens, voilà dix euros et je m'en sers un autre. *(Il le fait.)* Tu pourrais m'en payer un, je t'ai ramené de la famille.

LULU. – De la famille ?

LE CAPITAINE. – Oui, deux gars et deux filles. Devraient pas tarder à se pointer.

LULU. – Pfft ! Il ne me reste plus qu'un neveu et une nièce perdus sur le continent. T'es sûr que tu n'as vu double, comme d'habitude ?

LE CAPITAINE, *chantant*. – « Comme d'habitude, je… »

LULU, *hurlant*. – La paix avec ton Claude François !

LE CAPITAINE. – Bon, bon. J'te dis qu'ils sont quatre ; deux plus deux. Z'ont dû faire suivre les conjoints, femme, mari. Qu'est-ce que j'en sais, moi ? Copain, copi…

LULU. – Ça va, j'ai compris. Comment tu sais qu'ils sont de la famille ? *(Elle prend son verre et en reverse un peu dans la bouteille.)*

Le capitaine. – Physiquement ils te ressemblent pas trop, mais ils ont bien ton côté grognon.

Lulu, *menaçante*. – Tu veux le voir de près mon côté grognon ?

Le capitaine. – Doucement ! C'était pour rigoler. M'ont juste dit qu'ils venaient visiter leur tante Lulu qu'ils n'avaient pas vue depuis un petit bout de temps.

Lulu. – Un petit bout de temps ? La dernière fois que je les ai vus, c'était pour l'enterrement de mon pauvre frère y a vingt ans. Ils étaient hauts comme trois pommes. Depuis, plus aucune nouvelle.

Le capitaine. – M'ont pourtant dit qu'ils l'aimaient beaucoup leur tantine.

Lulu. – Tu parles ! Ils ne m'ont même jamais envoyé une carte pour le Premier de l'An. Et ils débarquent comme ça, sans crier gare. C'est louche tout ça, c'est louche…

Le capitaine. – M'est avis qu'il leur est pas venu subitement un élan d'affection. C'est peut-être plutôt rapport à ce que t'as gagné au loto. Souvent les gens qui…

Lulu. – Tu leur as pas dit, vieux sac à vin ?

Le capitaine, *faussement*. – Ah non ! J'ai rien dit…

Lulu. – T'as pas pu t'empêcher de l'ouvrir ! Tu m'avais pourtant promis ! *(Elle le prend par le col.)*

Le capitaine. – J'ai rien dit. Pas à eux en tout cas, je te le jure.

Lulu. – Ne jure pas, mécréant ! À qui tu l'as dit que j'avais gagné au loto ? *(Elle le menace de plus en plus.)* À qui ?

LE CAPITAINE. – À personne… Ou à pas grand monde… Juste aux copains du café de la Marine… Et à ceux de mon fan-club de Claude François.

LULU. – Mais c'est comme si tu l'avais affiché à la criée un jour de grand arrivage, espèce de boit-sans-soif! La nouvelle a dû se répandre comme des bigorneaux dans le fond d'un cageot!

LE CAPITAINE. – Je pouvais pas savoir. J'ai pas pensé à mal…

LULU. – Tu penses pas plus loin que le bec de ta casquette! T'es plus bête qu'un filet percé! Le jour où les cons vont se mettre à tourner, pour peu que t'écartes les bras, tu feras un sacré ventilateur! Tu pourras travailler en soufflerie! Tu révolution-neras la marine à voile à toi tout seul!

LE CAPITAINE. – Pardon Lulu.

LULU. – Grâce à toi, tout le continent doit être au courant, à présent. On va voir déferler un sacré paquet de parasites, à commencer par ceux de la famille!

LE CAPITAINE. – Je te demande pardon, Lulu.

LULU. – Tu me le paieras, vieux hareng!

LE CAPITAINE. – Qu'est-ce que je peux faire pour me faire pardonner?

LULU. – Dans un premier temps, tu vas m'aider à les accueillir; c'est quand même la famille. Et dans un deuxième, tu vas m'aider à m'en débarrasser si, comme je l'imagine, ils sont venus que pour mes sous.

LE CAPITAINE. – On va rigoler un peu comme quand on était gamins?

LULU. – Moi oui ; mais toi, pas sûr.

LE CAPITAINE, *voyant la porte s'ouvrir sur Rocket et Bébel.* – Attention, voilà la première vague !

LULU. – Viens par là que je t'explique ce qu'on va faire.

Ils sortent en cuisine.

BÉBEL, *entrant en soutenant un peu Rocket.* – Ça y est, Rocket, on arrive.

ROCKET. – Pas trop tôt ! Je suis sur les rotules.

BÉBEL. – Saleté de bateau !

ROCKET. – C'est pas la barcasse, c'est l'air.

BÉBEL. – Trop froid ?

ROCKET. – Non, trop pur. J'suis pas habituée. J'suis en manque de carbone, c'est sûr.

BÉBEL. – Attends. *(Il sort son briquet et le lui met sous le nez.)* Tiens, sniffe-moi ça !

ROCKET. – Ah ! ça va mieux ! Y a personne dans la turne ?

BÉBEL. – Ohé ! Y a quelqu'un ? Ohé !

LULU, *entrant avec le capitaine.* – Qui c'est qui braille comme ça ?

BÉBEL. – Bonjour, m'sieurs-dames ! Nous sommes bien chez Mme Lucienne Le Guérec ?

LULU. – Oui. Qui la demande ?

ROCKET. – C'est moi, ma tante ! Votre nièce ! *(Elle se jette dans ses bras.)* Ma chère tata, ma tata à moi ! Comme je suis…

Lulu. – Oh là ! Doucement ! Aux dernières nouvelles, ma nièce n'était pas née chez les Apaches et mon neveu avait le teint d'un cachet d'aspirine.

Rocket. – Cool tantine ! Les plumes c'est juste de la déco, le look quoi. Je suis bien ta petite Marie-Christine. Tu me remets ?

Bébel, *riant.* – Wouah ! Tu t'appelles Marie-Christine ? Wouah ! Ce blaze relou ! Tout le monde t'appelle Rocket mais en vrai, c'est Marie-Christine !… Marie-Chris…

Rocket. – Ta gueule ! Ce grand taré, c'est Bébel, un copain rappeur.

Le capitaine. – Râpeur ? Râpeur de quoi ?

Bébel, *riant.* – Râpeur de rien ! Wouah ! Elle déchire celle-là ! « Rat peur de rien ». Hein ? *(Les trois autres restent de marbre.)* Ouais, bon… euh… rappeur… chanteur, quoi. Faut te chébran, pépé. *(Il improvise un rap :)*

« Elle, yo, c'est Marie-Christine

Elle retrouve sa tantine

Moi, yo, c'est Bébel

Et j'suis avec elle

Yo, yo ! »

Lulu. – C'est une chanson ça ?

Le capitaine. – Ça vaut pas Cloclo.

Bébel. – Qui ?

Le capitaine. – Claude François, le plus grand chanteur le tous les temps du monde entier.

Lulu. – Fous-nous la paix avec ton Claude François ! *(À Rocket.)* Maintenant que je te regarde, c'est vrai que tu ressembles bien un peu à ta mère. Ton frère n'est pas venu avec toi ?

Rocket. – Si, si, il va arriver, mais il se promène avec une grande blondasse. Il te kiffe pas autant que moi. Moi j'ai préféré venir t'embrasser tout de suite, ma petite tatie.

Lulu. – Ouais… Bon, suivez-moi. Je vais vous montrer vos chambres.

Bébel. – Je sais pas si on va rester bien long…

Lulu. – Au moins une semaine.

Rocket. – Une semaine ?

Le capitaine. – Ben dame ! « La Marie-Claudette » fait la traversée qu'une fois la semaine, le dimanche, comme aujourd'hui, quoi.

Bébel, *bas, à Rocket*. – Huit jours dans ce désert ? Ça va pas, non ?

Rocket, *idem*. – Cool mec ! Dès qu'on met la main sur la thune, on se tire, même s'il faut braquer le Captain Iglo. *(À Lulu.)* On te suit, tata.

Lulu sort par l'escalier, suivie de Bébel et Rocket.

Le capitaine. – Ben mes aïeux ! Par tous les vents de suroît, v'là une sacrée paire de bizarres : un Sarrazin et son cacatoès. Hé, hé ! Ça s'arrose ! *(Il s'en sert un autre.)*

Lulu, *off*. – Deux euros cinquante !

Le capitaine, *bas*. – « Koc'h » ! *(La porte s'ouvre sur Alexandra et Nanard.)* Tiens, v'là le reste de la troupe !

NANARD. – Punaise, j'ai cru que ce sentier ne finirait jamais ! *(Il se tient le ventre.)*

ALEXANDRA, *au téléphone, en se tenant le ventre*. – Oui, monsieur Morissot. Je viens juste d'arriver. Non sans mal, d'ailleurs.

NANARD. – Tante Lulu ! Ohé ! Tata ! C'est Jean-Bernard ! Jean-Bernard Chopineau, votre neveu !

ALEXANDRA, *au téléphone*. – J'ai eu la peur de ma vie sur le bat… Vous vous en moquez ?… Je comprends, patron… euh… monsieur Morissot, je comprends…

NANARD. – Ohé ! Ma petite tantine adorée !

LE CAPITAINE. – Pas la peine de t'égosiller, mon gars, elle est pas loin.

NANARD. – Encore vous ? Vous avez juré de me pourrir le séjour ?

ALEXANDRA, *au téléphone*. – Pour ça, comptez sur moi…

NANARD. – J'ai les tripes en vrac à cause de vous et de votre satané rafiot !

LE CAPITAINE. – Oh ! mon gars ! C'est pas la faute de « La Marie-Claudette » si t'as pas le pied marin.

NANARD. – J'ai les pieds aussi marins que les vôtres, mais j'ai dû manger quelque chose de pas frais.

LE CAPITAINE. – Ah ça ! Le pas frais, à manger c'est déjà pas bon, mais alors à vomir… *(Nanard a la nausée. Narquois :)* Un p'tit chouchen ?

NANARD. – Beurk ! *(Il cherche les W.-C. du regard et y va en courant.)*

Le capitaine. – Marin d'eau douce, va ! Un p'tit chouchen pourtant… *(Il s'en sert un autre.)*

Lulu, *off*. – Cinq euros !

Alexandra, *au téléphone*. – Bien, monsieur Morissot… Je n'y manquerai pas… Oui… Oui… Tout à fait… Au rev… *(Elle raccroche.)* Bonjour, monsieur. Monsieur Le Guérec, je suppose ?

Le capitaine. – Oh ! que non ! Moi, c'est Loïc Le Goff, le capitaine de « La Marie-Claudette » qui vient de vous débarquer sur c't' île y a pas une demi-heure.

Alexandra. – Ah bon ?

Le capitaine. – Oui. Et vous, vous devez être la grande blondas… blonda… blonde à se… demander si… si c'est naturel… Hé, hé !

Alexandra. – Qu'est-ce que ça peut vous faire ?

Le capitaine. – Rien, rien ! Mille excuses !

Alexandra. – Bref ! Mme Le Guérec n'est pas ici ?

Nanard, *entrant*. – Alors, où qu'elle est ma tantine préférée ?

Le capitaine. – Elle va plus tarder. Elle installe votre sœur et son copain.

Nanard, *en aparté*. – La garce ! Elle a pas perdu de temps.

Alexandra. – C'est très gentil de venir voir votre tante, surtout à cette époque de froidure.

Nanard. – Ouais, c'est que je l'aime beaucoup, ma tante Lulu, la meilleure des tantines. Et vous, qu'est-ce que vous venez faire sur ce caillou pelé, par ce temps ?

ALEXANDRA. – Je viens aussi voir votre tante.

NANARD. – Comment ça? Vous seriez, comme qui dirait, une parente inconnue qu'on connaissait pas l'existence?

ALEXANDRA. – Non, je suis sa conseillère financière de la BMC, la Banque Maritime Celtique.

NANARD, *soudain méfiant.* – Et qu'est-ce que vous allez lui conseiller comme conseils?

ALEXANDRA. – Eh bien, je vais lui proposer les meilleurs placements pour que son argent prospère au sein de notre banque et…

NANARD. – … et vous mettrez la main sur le magot. Je vous vois venir. Un papier par-ci, une signature par-là, ni vu, ni connu, la tambouille et j'étouffe le pognon pour les rationnaires.

ALEXANDRA. – Mais pas du tout! Nous voulons seulement l'aider à…

NANARD. – Mais je vous laisserai pas faire. Je suis pas né derrière la pluie, moi. Je les renifle tout de suite les entour-loupineuses et les escroques. C'est mon métier. Eh oui, pas de bol! Je suis « physionimistre » au Blue Night Club de Saint-Fulcran-sur-Gourgnoule. Oui, ma petite, « physionimistre ». *(Il fait une brève démonstration.)* Toi oui, toi non. Toi tu rentres, toi tu rentres, toi tu rentres pas. Discute pas sinon c'est l'coup de boule. J'ai été formé à trier le bon grain quand il est livré, moi, ma petite. Vous vous attendiez pas à ça, hein?

ALEXANDRA. – Non, ça je dois dire que non.

NANARD. – Allez, rentrez chez votre banque et bon vent!

ALEXANDRA. – Que vous le vouliez ou non, je vais attendre l'avis de votre tante, cher monsieur. De plus, je crois avoir lu que les navettes entre l'île et le continent ne se font qu'une fois par semaine.

LE CAPITAINE. – Ouais, le dimanche ! Les autres jours, je pêche en mer.

NANARD. – On va devoir rester sur cette île toute une semaine ?

LULU, *entrant.* – Y a des chances, mon gars.

NANARD. – Oh ! ben mer… veilleux, c'est merveilleux comme endroit, magnifiquement merveilleux !

LULU, *au capitaine.* – Sept cinquante.

NANARD. – Dans mes bras, ma tata que j'aime !

LULU. – Hé là ! Doucement ! Vous êtes qui ?

NANARD. – Jean-Bernard, voyons ! Ma petite tata ne me reconnaît pas ? Votre petit Jean-Bernard ?

LULU. – Le p'tit Nanard ?

NANARD. – Lui-même.

LULU. – « Ma Doué beniguet » ! Celui qui mangeait ses crottes de nez et qui pleurnichait tout le temps quand il avait mouillé sa culotte !

NANARD. – Euh… oui, mais c'était quand j'étais môme. Je suis un homme maintenant, un vrai.

LULU. – Je vois ça. Et te voilà donc rendu ici avec ta femme ?

ALEXANDRA. – Non, non. Moi, je suis mademoiselle Lecaire de la…

LE CAPITAINE. – Lecaire ? Lecaire ? Égypte, Alexandrie !

ALEXANDRA. – Non, Alexandra Lecaire.

LE CAPITAINE. – Alexandra ? *(Il chante soudain.)* « Alexandrie, Alexandra… »

LULU. – Tu vas nous foutre la paix, toi ? Va faire marrer les mouettes ! *(Le capitaine sort.)* Mademoiselle, vous…

NANARD, *la coupant*. – Elle, c'est pas important. Oh ! comme je suis content de vous revoir, ma tatie !

ALEXANDRA. – Alexandra Lecaire, votre conseillère financière de la BMC.

LULU. – Ah oui ? La banque ? Vous perdez pas de temps non plus, vous !

NANARD. – Ah ça ! Les banquiers, tous des vautours !

LULU. – C'est pas comme la famille ?

NANARD. – Oh non ! La famille, c'est le cœur qui parle avec ses tripes. Faut que je vous embrasse.

LULU. – C'est pas une obligation. Bon, je vais arracher trois patates pour le repas. C'est que j'avais pas prévu tout ce monde !

NANARD. – Attendez, tante Lulu ! Je vais vous aider.

Rocket entre, suivie de Bébel.

LULU. – Pas la peine ! J'en ai pour une minute. *(Elle sort au jardin.)*

ROCKET, *se moquant.* – « Attendez, tante Lulu, je vais vous aider. » Tu parles ! T'as jamais aidé personne !

NANARD. – De quoi je me mêle ? J'ai bien droit d'aimer la tante plus mieux que ma sœur.

BÉBEL. – Surtout que c'est elle qui a le flouze.

NANARD. – Toi, le roi du couscous, la ramène pas si tu veux pas que je te transforme le blaire en merguez !

ROCKET. – Ziva Bébel ! Si tu veux lui refaire la tronche ? Te prive pas !

BÉBEL. – Tu sais bien que je kiffe pas la violence, Rocket.

NANARD. – C'est pas plutôt que t'aurais la pétoche, non ?

BÉBEL. – Non, mais je me bats jamais. « Never, man. »

NANARD. – Ah non ? Et comment que tu fais quand t'as un problème ? Parce que là, tu vas en avoir un de problème et un balèze.

BÉBEL, *en rappant.* – « Dans ma tête, je réfléchis
J'en appelle à Luther King et à Gandhi. »

NANARD. – Oh ! tu parles ! Moi aussi je peux appeler les copains… T'as jamais vu Bouboule et Ricky à la baston. Mais là, y a que toi et moi. Alors ?

ALEXANDRA. – Vous n'allez pas vous battre chez Mme Le Guérec. Que pensera-t-elle de vous ?

ROCKET. – Miss raideur a raison. Laisse béton, Bébel. Faudrait pas lui donner une mauvaise image en arrivant.

NANARD. – Alors, va te faire refaire le portrait, ma pauvre fille ! On dirait Cosette version Gremlins !

ROCKET. – Ah ! ah ! ah ! Mort de rire ! Pauv' mec !

NANARD. – Entre toi et moi, elle aura vite fait la différence de qui c'est le meilleur.

ROCKET. – Parce que tu crois qu'elle va kiffer ton look de facho ? Te bile pas : quand je lui aurai fait fumer un joint de ma réserve perso, elle m'aura à la bonne.

ALEXANDRA. – Vous avez l'intention de droguer votre tante ?

ROCKET. – On t'a sonnée, toi ? *(Le téléphone d'Alexandra sonne.)* On est tous là pour la même chose, non ? C'est le fric qu'elle a gagné au loto qui nous intéresse tous. Alors, tous les moyens sont bons.

ALEXANDRA, *au téléphone*. – Allô !… Oui, monsieur Morissot…

ROCKET. – Et mon shit, c'est pas de la drogue, d'abord, c'est du bonheur à fumer. Ouais.

BÉBEL, *au public*. – Pour être franc, c'est surtout de la merde !

ALEXANDRA, *au téléphone*. – Oui… Oui… C'est ça… Je suis sur le point d'entrer en contact.

NANARD. – La première chose à faire, c'est de virer la banquière du paysage.

ROCKET. – Pour une fois que tu dis pas une connerie ! On aurait dû la foutre à la baille pendant la traversée. *(Dans ce qui suit, Rocket et Nanard menacent de plus en plus Alexandra.)*

ALEXANDRA, *au téléphone*. – Je connais déjà ses proches ?…

NANARD. – Il est jamais trop tard pour bien faire.

ALEXANDRA, *au téléphone*. – Je suis en train de tisser des liens…

ROCKET. – On va lui faire comprendre la zicmu.

NANARD. – Elle va pas s'emmêler dans nos affaires et encore moins s'occuper du pognon de la tante.

ALEXANDRA, *au téléphone*. – Des liens que je qualifierais… d'amicaux…

NANARD. – Ou on pourrait bien la retrouver en train de nourrir les crabes.

ROCKET. – Ou les requins. Et pas ceux de la finance. Compris ?

ALEXANDRA, *au téléphone*. – C'est entendu… Je n'y manquerai pas, monsieur… Au revoir, monsieur. *(Elle raccroche.)*

NANARD. – Viens un peu ici, ma belle. *(Il la saisit par le bras.)*

ALEXANDRA. – Aïe ! Lâchez-moi ! Vous me faites mal !

ROCKET. – Tu vas dégager la zone ou ça va être ta fête !

BÉBEL. – Hé ! Doucement !

ROCKET. – T'en mêle pas, toi !

BÉBEL. – Je vous laisserai pas lui faire du mal !

NANARD. – Ah oui ?

LULU, *entrant avec un panier de patates*. – Ben, tiens ! Comme vous êtes tous là, vous allez pouvoir m'éplucher tout ça en moins de deux.

Bébel. – Si ça peut vous rendre service… On n'a que ça à faire pour le moment.

Rocket. – Ouais, c'est ça.

Alexandra, *en profitant pour se dégager*. – Où sont les éplucheurs ?

Lulu. – Ici, y a que des couteaux, mais attention, ils coupent. *(Elle les prend derrière le bar et les pose sur la table.)* Je vais faire les crêpes pendant ce temps.

Elle sort à la cuisine et aussitôt tous, sauf Bébel, se jettent sur un couteau et se regardent en chiens de faïence.

Alexandra. – Je vous préviens : j'ai appris à me défendre… Chez les scouts, j'étais Belette Cruelle.

Nanard. – J'ai déjà peur !

Alexandra. – Vos menaces ne m'impressionnent pas. Je suis en mission et j'irai jusqu'au bout.

Rocket. – Tu vas voir, on va…

Bébel, *s'interposant*. – Les patates. On va éplucher les patates calmement.

Lulu, *off*. – Faites-moi des petites épluchures, vous serez ben mignons.

Rocket et Nanard se mettent à une table, Alexandra et Bébel à une autre. Tous se mettent à éplucher, mais il n'y a que Bébel qui sache le faire vraiment : Alexandra le fait très snob ; Nanard fait des épluchures énormes et Rocket taille un petit dé dans chaque patate. Un temps de silence assez long.

Bébel. – À mon avis, votre tata, elle fera bien ce qu'elle voudra de son fric et elle en filera peut-être à personne.

Nanard. – Pas à toi en tout cas.

Bébel. – Mais je ne demande rien, moi.

Rocket. – Ouais, mais si je touche le paquet, tu feras pas la gueule.

Bébel. – Je serai vachement content pour toi.

Alexandra. – Si elle vous donne quoi que ce soit, l'État vous en prendra près de la moitié.

Nanard. – Quoi ?

Alexandra. – C'est la loi, la fiscalité sur la transmission des biens.

Rocket. – Y a toujours un moyen de contourner la loi !

Alexandra. – Le seul qui soit envisageable légalement, c'est qu'elle place une partie de sa fortune dans quelques produits financiers dont vous pourriez être à terme les bénéficiaires.

Rocket. – Ah ! ah ! Tu manques pas d'air, toi ! Tu crois qu'on te voit pas venir avec tes grands airs ? L'oseille de la tantine, personne saura que c'est à moi qu'elle l'a donnée.

Nanard. – D'abord c'est à moi qu'elle le filera son blé, et figure-toi qu' j'irai pas le chanter sous les fenêtres du percepteur ou le gueuler à la « cartonnade ».

Alexandra. – Mme Le Guérec est une femme qui a la tête sur les épaules, elle choisira certainement la raison et entendra les conseils que je…

NANARD. – Mais elle va la fermer avec ses conseils à la con ! J'te dis que ce fric me revient tout droit !

ROCKET. – De quel droit, pauv' naze ?

NANARD. – Ta gueule, pouffiasse !

ROCKET. – Toi, je vais te remonter les valseuses sous les molaires, tu vas voir !

NANARD. – Et moi, je vais t'éplucher le derche et tu vas compren…

LULU, *entrant, furieuse*. – Nom de Doué ! Qu'est-ce que c'est que ça ? Du rififi chez moi ? Vous vous croyez où ? Qu'est-ce que c'est que cette troupe de pirates ? Tout le monde se calme et pose son arrière-train sur une chaise avant que j'y mette un méchant coup de sabot. Non mais !

NANARD. – Pardon, tante Lulu, mais c'est elles qui ont commencé.

ALEXANDRA. – C'est archifaux !

ROCKET. – Là il ment grave ! C'est lui qui…

LULU. – La paix ! J'ai tout entendu !

NANARD. – Ah bon ?

ROCKET. – Tout ?

LULU. – Oui, tout ! Vous vous écharpez pour savoir à qui je donnerai ce que j'ai gagné au loto. Mais qui vous dit que je donnerai quoi que ce soit à qui que ce soit ?

BÉBEL. – Ah ! vous voyez ! J'avais raison !

TOUS. – Ouais, bon. C'est foutu, quoi. Merde alors !

Lulu. – Eh ben, non. T'as tort, mon gars. Vous avez tous tort. Avant que vous arriviez, je ne savais fichtre rien de ce que j'allais en faire de ce j'ai gagné au loto.

Alexandra. – Et maintenant, vous savez ?

Lulu. – Ouais : je vais le confier au plus Breton d'entre vous.

Nanard. – C'est moi ! J'suis né à Brest !

Rocket. – Moi aussi, pauvre mec !

Alexandra. – Je suis moi-même native de Rennes.

Bébel. – Oui, oh ! moi, je suis hors jeu.

Lulu. – Je veux dire que ce sera celui ou celle qui se comportera comme un pur Breton. C'est-à-dire qui sera capable de vivre et de travailler comme un Breton. Comme un vrai Breton pendant toute une semaine.

Rocket. – Tope là !

Nanard. – C'est quoi qu'on doit faire ?

Lulu. – Je l'ai dit : travailler, manger, dormir comme un vrai Breton. Je donnerai tout à celui ou celle qui y parviendra. Si vous y arrivez tous, je partagerai… en quatre.

Bébel. – Quatre ? Je peux jouer aussi ?

Nanard. – Ah non ! Pas lui !

Lulu. – Et pourquoi pas ? On est Breton d'abord avec le cœur, pas forcément par le sang et encore moins par la couleur de la peau. *(Hurlant subitement.)* Et de toute manière, c'est moi qui commande, nom d'un billig à roulettes !

Nanard. – O.K., O.K. ! On commence quand ?

Lulu. – Ben on commence tout de suite.

Tous. – Super ! Chouette ! Allons-y à donf !

Lulu. – Bon ! Pour le moment, on va profiter de la marée basse pour ramasser le goémon pour le jardin. *(Elle ouvre la porte d'entrée et on découvre le capitaine en train d'écouter.)* Qu'est-ce que tu fais là, toi ?

Le capitaine. – Ben, je passais, alors…

Lulu. – Écarte-toi. *(Le capitaine entre.)* Vous voyez la charrette là-bas ? Faut la remplir sur la grève et la vider dans le jardin. *(Elle regarde sa montre.)* Voyons… Il vous reste quatre bonnes heures avant la montante. Si vous ne mollissez pas, vous pouvez faire huit voyages. Si vous êtes de vrais Bretons.

Nanard, *en sortant.* – C'est parti !

Rocket, *en sortant avec Bébel.* – « Go, Bébel, go » ! Le laisse pas prendre de l'avance !

Lulu. – Prenez des habits dans la cabane au fond du jardin. Faudrait pas vous salir.

Alexandra, *en sortant.* – Nous allons vous surprendre, madame Le Guérec.

Lulu. – C'est ça. *(Elle referme la porte.)* Pour le moment, les pneus sont neufs, mais vous allez voir ce que vous allez voir, mes lascars !

Le capitaine. – Qu'est-ce que tu veux faire de tout ce goémon ?

Lulu. – J'en sais fichtre rien, mais ça leur fera les pieds. Ton rafiot est prêt pour demain ?

Le capitaine. – « La Marie-Claudette » est toujours prête.

Lulu. – T'as bien compris ce que tu devais faire ?

Le capitaine. – T'en fais pas. Ils vont avoir droit au grand jeu : passage du raz, vent de travers… Ça va rouler et tanguer comme jamais !

Lulu. – Très bien ! J'vais leur faire de la soupe de poisson… aussi mauvaise que je pourrai.

Elle sort.

NOIR

Les quatre entrent vêtus d'habits de pêcheurs, fourbus et crottés.

Bébel. – Mission accomplie, m'dame Lulu.

Nanard. – Ouais, huit charrettes bien pleines.

Alexandra. – Malgré le petit inconvénient de la marée montante, nous sommes parvenus à…

Rocket. – Petit inconvénient? Tu parles! À la fin, on avait de la flotte jusque-là.

Nanard. – Mais moi, ça m'a pas dérangé du tout. J'aurais pu remplir deux charrettes de plus.

Alexandra. – Mais moi aussi!

Rocket. – Et moi pareil!

Lulu. – C'est gentil… Mais, en fait, j'en avais assez d'une. Faudra redescendre les autres plus tard. Allez, tout le monde à table! Une bonne soupe de poisson de la semaine dernière, deux ou trois berniques au beurre et une crêpe à la sardine. Rien de tel pour vous requinquer un vrai Breton.

Tous passent en cuisine sauf Alexandra.

ALEXANDRA, *sur son portable.* – Allô ! Bonsoir, monsieur Morissot… Oui… Non, non… C'est ça… Non, monsieur… Bien, monsieur… Certainement… Je n'oublie pas que je joue ma carrière… Je vous le promets… La BMC peut compter sur mon entier dévouement… Au revoir, m… *(Elle raccroche.)* Madame Le Guérec, il faut absolument que nous parlions de vos placements ! *(Elle sort à la cuisine. Off :)* J'ai d'excellents produits financiers qui…

NOIR

Voix off. – Le lendemain, lundi, six heures du matin.

Le capitaine. – Tout le monde est prêt?

Tous, *avec entrain*. – Ouais!

Le capitaine. – Ce matin, on va aux maquereaux.

Nanard. – Super! Moi, j'adore « maquereauter »!

Le capitaine. – C'est ça! Mais faut se presser parce qu'on a une grosse heure de navigation avant d'être sur zone. En route, moussaillons!

Rocket, *ouvrant la porte*. – Mais il fait un temps de chiottes!

Bébel. – Heureusement qu'on va pas à la chasse! Hé, hé!… Hein?… Ouais, O.K., elle est relou celle-là.

Rocket. – Y a des moments, j'ai vraiment envie de t'en coller une.

Alexandra. – En route! La pluie du matin n'arrête pas le marin, n'est-ce pas?

Bébel. – Elle est pas mal celle-ci.

NANARD. – C'est pas ça qui va m'arrêter non plus ! Laissez passer le Breton !

ROCKET. – Allons-y ! Après tout, c'est un temps de lundi.

LE CAPITAINE. – Ah ça ! *(Il chante.)* « Le lundi au soleil… »

Ils sortent tous.

NOIR

VOIX OFF. – Une douzaine d'heures plus tard…

Les quatre entrent épuisés et malades sauf Bébel.

LULU. – Alors, belle journée, non ?

ROCKET. – Y a pas mieux !

ALEXANDRA, *au téléphone*. – Oui, monsieur Morissot. Tout va très bien… Son capital ?

NANARD. – Faut que je prenne une douche. Je pue le maquereau.

ALEXANDRA, *au téléphone*. – Je le sens bien… Je vous assure.

NANARD. – Je chlingue tellement le maquereau que j'ai l'impression d'être un maquereau.

BÉBEL. – T'es sûr que c'est qu'une impression ?… Non, je rigole. Cool man !

ALEXANDRA, *au téléphone*. – Très bien !… Là, il faut que je vous laisse, monsieur… Désolée… *(Elle raccroche.)* Oups ! Je vous demande pardon ! *(Elle court aux W.-C.)*

ROCKET. – Pareil !… Oh là là ! *(Elle court aux W.-C.)*

NANARD, *nauséeux*. – Petites natures ! Hé, hé ! Pas de vraies… Bretonnes ça… Oups ! *(Il court aux W.-C.)*

Rocket et Alexandra, *off.* – C'est occupé !

Nanard, *off.* – Tant pis !

Lulu. – Alors Loïc, bonne pêche au moins ?

Le capitaine. – Pour des touristes, oui. Sont adroits comme des goélands croisés manchots, mais le p'tit, là, se défend plutôt pas mal sur un bateau.

Bébel. – Merci m'sieur Iglo.

Rocket, *entrant suivie d'Alexandra.* – Ah ! t'es vraiment un gros dégueu, mon pauv' Nanard !

Alexandra, *entrant.* – Vous m'avez ratée de peu !

Nanard, *entrant.* – Oh ! ce que ça tourne !

Bébel. – Bon, on mange ?

Alexandra. – Manger ?

Nanard. – Oh là là !

Rocket. – Comment tu peux penser à bouffer ?

Lulu. – On mangera plus tard. D'abord, on trie les maquereaux et on fait les rillettes avec les plus petits. Y en a pas pour longtemps : on les vide, on arrache les têtes et on les fait bouillir. Après y a juste à les dépiauter à chaud avec les doigts. On mangera les plus gros à la poêle quand on aura fini.

Le capitaine. – Avec un p'tit coup de chouchen !

Tous, *en s'écroulant sur les chaises.* – Oh !

NOIR

Voix off. – Mardi, cinq heures du matin.

Le capitaine. – Tout le monde est prêt ?

Tous, *avec moins d'entrain*. – Ouais…

Le capitaine. – Ce matin, on va aux bars de ligne dans le raz de Sein.

Nanard. – Super ! J'adore « bardeligner » !

Le capitaine. – Ben voyons ! Mais c'est pas tout ça, faut se presser parce qu'on a deux grosses heures de navigation avant d'être sur zone. En route !

Rocket. – On est obligés d'y aller tous ? Faudrait pas qu'on se gêne sur le rafiot.

Nanard. – Ça y est, elle se dégonfle ! Qu'est-ce que j'avais dit ?

Bébel, *en rap*. – « Mais non, elle se dégonfle pas la meuf
Mais elle se demande si on s'ra pas trop nombreux à la teuf
Pousse-toi bouffon et laisse passer les moussaillons. »

ALEXANDRA. – Je vous préviens : je passe à l'avant du bateau.

Tous sortent.

LE CAPITAINE. – Haut les cœurs ! Si on a le temps, en rentrant, on tendra deux ou trois filets.

NOIR

VOIX OFF. – Une douzaine d'heures plus tard…

Les quatre entrent encore plus épuisés et plus malades, sauf Bébel.

LULU. – Alors, les travailleurs de la mer ?

LE CAPITAINE. – Pas mal pour des amateurs. Trente kilos de bar premier choix.

LULU. – Bravo.

ROCKET. – J'ai bien cru que ça finirait jamais ! Je sens plus mes doigts. Je sens plus mes tripes.

ALEXANDRA. – Moi, je sens plus rien du tout. Je vais mourir. *(Son téléphone sonne. Elle décroche.)* Oui, monsieur Morissot…

NANARD. – Moi, je veux mourir mais debout. Je suis un vrai Breton, moi, baptisé dans le granit, moi, tante Lulu.

BÉBEL. – Allez les meufs, vous n'allez pas caler devant ce gros naze !

ALEXANDRA, *au téléphone*. – Vous avez raison. *(Elle se redresse.)* La BMC ne renonce jamais.

Rocket. – Ouais, y a pas un peu de poiscaille à niquer ou à faire cuire ? Ça me manquerait presque.

Alexandra, *au téléphone.* – Mais je m'accroche, patron, je… *(Elle raccroche.)* Allez, on y retourne !

Lulu. – Tant mieux. Faut couper les têtes des bars et les mélanger avec les restes de maquereaux pour boetter les casiers pour demain. Et après, soupe de poisson, kouign-amann et confiture de goémon pour tout le monde !

Le capitaine. – Avec un p'tit coup de chouchen !

Tous, *en s'écroulant sur les chaises.* – Oh là là !

NOIR

Voix off. – Mercredi, quatre heures du matin.

Le capitaine. – Tout le monde est prêt ?

Tous, *sans entrain du tout*. – Ouais !

Le capitaine. – Ce matin, on relève les filets qu'on a tendus hier et on pose les casiers. Mais avant faut les boetter, comme on dit, les casiers.

Rocket. – Ça veut dire quoi ?

Le capitaine. – Ça veut dire qu'il faut y mettre de quoi appâter les dormeurs et les homards.

Bébel. – Tiens, des cousins ? Hi, hi !… Non, je déconne.

Alexandra. – On va appâter avec quoi ?

Lulu, *entrant avec une caisse à poissons*. – Avec ça ! Les têtes de bars mélangées aux restes de maquereaux faisandés dans de l'huile de foie de morue. Sentez-moi ce fumet ! Si ça attire pas les crabes, à moi la peur ! Tiens, Nanard, porte donc la caisse.

Nanard. – Merci mais ça va pas être possible… Oh là là ! *(Il court aux W.-C.)*

Lulu. – Bon, à vous les filles. À deux, montrez-lui que…

Elles prennent la caisse.

Rocket. – Oh ! la vache ! Ça schmoute !

Alexandra. – Hum, j'ai mal au cœur !

Rocket et Alexandra. – Oh là là !

Elles posent la caisse et courent aux W.-C.

Nanard, *off.* – Occupé ! C'est occupé !

Rocket et Alexandra, *off.* – Plus maintenant !

Nanard est éjecté des W.-C.

Le capitaine. – Bon, c'est pas le tout ! Faut se presser, parce qu'on a trois grosses heures de navigation avant d'être sur zone. En route la flibuste ! *(Les filles entrent.)* Bébel, tu prends la caisse.

Bébel. – À vos ordres, mon capitaine ! C'est quoi votre gros sac ?

Le capitaine. – C'est pour le casse-croûte de midi. Eh oui, dame, on va rester plus longtemps en mer. On mangera sur le bateau : rillettes de maquereau et harengs séchés. Avec un p'tit coup de chouchen !

Tous. – Oh là là là là !

Tous sortent.

NOIR

. – Une quinzaine d'heures plus tard…

Les quatre entrent vraiment très épuisés et très très malades sauf Bébel. Ils ont tous des doigts bandés, mais ils les cachent. Bébel et Alexandra sont enroulés dans des couvertures. Il la soutient.

Lulu. – Alors, comment ça va, les cap-horniers? Belle houle, belle pêche, comme on dit!

Rocket. – Je suis à bout! Je veux que ça s'arrête de bouger!

Nanard, *claquant des dents*. – C'est pas humain! C'est peut-être breton, mais c'est pas humain!

Alexandra. – J'en peux plus! Faites-moi chauffer une bouillotte, s'il vous plaît…

Bébel. – Pose-toi là, ma belle, je vais m'en occuper.

Lulu. – Qu'est-ce qui vous est arrivé à vous deux?

Le capitaine. – Sont passés à la baille!

Lulu. – Allons bon!

Nanard. – C'est c'te gourdasse qui s'est pris les pieds dans un cordage et qui s'est foutue à la flotte.

ROCKET. – Ouais. On remontait un casier toutes les deux quand, d'un seul coup, flop ! tête la première !

ALEXANDRA. – Je ne suis pas certaine que vous ne m'ayez pas poussée. Heureusement qu'Abdel a plongé pour me sauver.

LE CAPITAINE. – Ah ça ! C'est le héros de la journée !

NANARD. – Un héros, un héros ! Il a fait que son devoir.

LE CAPITAINE. – N'empêche que c'est lui qui a sauté, pas toi.

NANARD, *piqué*. – J'ai pas eu le temps. Je décrabais un casier, moi. Si j'aurais pu, j'aurais plongé aussi.

BÉBEL. – Calmos ! C'est cool, mec ! Mais tu l'as échappé belle, ma belle.

LE CAPITAINE, *chantant*. – « Belles, belles, belles, comme le jour… »

ROCKET. – Ce qu'il peut nous les casser ce ringard !

NANARD. – Il est bourré du matin au soir. Il arrête pas de boire son chou de chêne.

LE CAPITAINE. – D'abord, je bois pas, je me désaltère. *(Lourdement, à Nanard :)* Et pis vaut mieux être soûl que con, parce que soûl, ça finit par passer.

NANARD. – Qu'est-ce que vous voulez « incinérer » par là ?

BÉBEL. – Bon, allez ! On va se réchauffer un peu, et après on va se faire une bonne…

ROCKET. – Bébel, je te préviens : si tu parles de manger, de rillettes ou de poiscaille… oups… je te tue !

NANARD. – C'est ça, tue-le, mais en silence… Et va vomir plus loin !

ROCKET. – Mais j'ai plus rien à vomir ! J'ai l'estomac entre les deux amygdales et le cœur juste derrière, en embuscade. En plus ces putains de crabes m'ont niqué tous les doigts. *(Elle montre ses mains.)*

NANARD. – Ben ça, y a pas que toi ! *(Il montre ses mains.)*

ALEXANDRA. – Ah ! non, alors ! *(Elle montre ses mains.)* Oh là là !

LULU. – Ça, quand on met les doigts dans un panier de crabes, faut se méfier !

LE CAPITAINE. – Je vous l'ai pourtant dit : faut leur taper un coup sec sur le dos pour qu'ils se recroquevillent, et après on les chope facilement par-derrière.

ROCKET. – Ah ouais ? Y avait pas un outil dans ta barcasse ! Si j'avais eu un marteau…

LE CAPITAINE, *chantant*. – « Oh, oh ! Si j'avais un marteau ! Oh, oh, oh, oh !… »

NANARD, *parlant les dents serrées*. – Pitié ! Taisez-vous ! J'ai la tête qui raisonne comme un tambour !

BÉBEL. – Comme un crabe-tambour ? *(Il rit.)* Elle est trop bonne celle-là !

NANARD. – T'aurais dû le tuer !

LULU. – C'est parce que tu as une haleine de cachalot que tu n'ouvres plus la bouche pour causer ?

NANARD. – Non, c'est que j'ai peur de voir passer mes intestins. Je suis sûr qu'ils se sont allongés.

LULU. – Si tu le dis. Allez, tout le monde au lit !

Les quatre se dirigent vers l'escalier.
Noir.

LULU, *off*. – Après une bonne soupe de poisson !

LE CAPITAINE, *off*. – Et un p'tit coup de chouchen !

TOUS, *off*. – Oh non ! Pitié !

NOIR

Voix off. – Jeudi, sept heures du matin.

Les jeunes sont encore au lit. Le capitaine est au bar avec Lulu.

Lulu. – Tiens, celui-ci, je te l'offre. Tu l'as bien mérité.

Le capitaine. – Ça, ils en ont bavé des ronds de chapeau !

Lulu, *riant*. – Dis plutôt des chapeaux ronds !

Le capitaine, *riant*. – T'as raison, Lulu !… Pour de vrais Bretons !

Lulu. – Ça fait un bout de temps qu'on n'a pas rigolé comme ça.

Le capitaine. – Tiens, je m'en sers un autre petit.

Lulu, *soudain sévère*. – Deux euros cinquante !

Le capitaine. – Tiens ! Les v'là ! Tu lâches jamais, toi ?

Lulu. – Les parasites sont en train de s'en rendre compte.

Le capitaine. – M'est avis qu'ils sont au bout du rouleau.

Lulu. – On va vite le savoir. Je vais leur sonner le clairon.

Le capitaine. – Attends ! Laisse-moi faire. *(Il chante à tue-tête dans l'escalier.)* « Quand le matin… »

Lulu, *au public*. – Là s'ils ne se lèvent pas c'est qu'ils sont morts.

Le capitaine. – Tiens, regarde-moi un peu ce banc de flétans. *(Les jeunes entrent par l'escalier, encore mal en point et fatigués.)* Eh ben, alors, moussaillons, pas encore prêts ? C'est que la marée n'attend pas !

Alexandra, *au téléphone*. – Non, monsieur Morissot, mais… Je n'en peux plus… J'ai tout fait, tout… Mais vous ne savez pas ce qu'ils mangent… Je ne dors plus. Je suis malade tout le temps… *(Elle pleure.)*

Le capitaine, *en chantant*. – « Le téléphone pleure… »

Rocket, *se frappant le crâne*. – Oh ! punaise ! Il tient une forme, lui, ce matin !

Nanard. – Ça promet ! On pourrait pas faire une pause, un break d'une journée ?

Le capitaine. – Ah non ! C'est que moi j'ai prévu de partir pour une campagne de pêche de trois jours. Vos trois derniers jours !

Alexandra. – Trois jours en mer ?!

Bébel. – Ça fait deux nuits sur le bateau, ça ?

Rocket. – Trois jours et deux nuits, non ?

Nanard. – C'est une blague ?

Lulu. – Mais non ! Faut bien que vous connaissiez la vie en haute mer pour être de vrais Bretons.

Nanard. – Là, ça va être dur ! Trois jours ! Enfin ! Allons-y !

Alexandra. – Sans moi. Je capitule. Je rends les armes. Tant pis.

Rocket. – Moi non plus. Je pars pas trois jours, pas sur ce putain de bateau. J'en reviendrai pas.

Nanard. – Alors j'ai gagné ? Je lâche pas, moi. Je suis un vrai Breton. J'ai gagné !

Bébel. – Rocket, tu vas laisser le flouze à ce gros bâtard ?

Rocket. – Tant pis ! J'veux pas y laisser la peau. T'as qu'à y aller, toi !

Bébel. – Moi, je m'en fous du fric. Je laisse pas Alexandra toute seule dans cet état.

Nanard. – Hourra ! J'ai gagné ! Hein, j'ai gagné ? Pas vrai, Haddock ? Pas vrai, tante Lulu ?

Lulu. – Si, si, c'est bien vrai. T'as gagné.

Nanard. – Y a plus que moi dans la course. Hein ? Y a plus que moi ? Vous allez tout me donner ?

Lulu. – Je n'ai qu'une parole.

Nanard. – Alors combien j'ai gagné ? Combien ? Combien ? Combien ? Combien ? Combien ?

Lulu, *sortant un gros carton de derrière le bar.* – Tout ça !

Nanard, *riant.* – Tout ça est à moi ? Youpi ! Je suis le plus fort ! Je suis le plus beau ! Je suis le plus riche ! *(Il ouvre le carton.)* Des… Des… Des sardines en boîte ! Des tas de sardines en boîte !

Lulu. – Ben oui !

Bébel. – Alors ça c'est complètement ouf !

Rocket. – C'est pas possible ! Fais voir ! Alors, elle a pas gagné au loto, cette vieille bourrique ?

Lulu. – Si, la bourrique a bien gagné au loto, mais au loto de l'amicale des pêcheurs d'Ouassec. J'ai même gagné le gros lot.

Nanard. – Aaaaah ! *(Il s'écroule.)*

Le capitaine. – Le gros lot ? Quand tu m'as dit que tu avais décroché le gros lot du loto, moi j'ai cru que c'était… *(Il rit.)*

Lulu. – Et tu t'es empressé de le chanter partout, vieux corsaire ! T'es plus bavard qu'une mouette qui suit un chalutier !

Rocket. – Alors on a fait tout ça pour rien ? Pour ces saloperies en conserve ? Tu t'es bien payé notre fiole !

Alexandra. – Tout ça pour ça ? Oh non ! *(Elle pleure.)*

Bébel. – Faut pas chialer. C'est pas la fin du monde.

Alexandra pleure dans les bras de Bébel.

Rocket. – Ça va pas se passer comme ça ! Je vais me la faire la vioque ! Tu vas voir comment que j'vais lui exploser la tronche à cette vieille crasse !

Bébel. – Calmos Rocket !

Rocket. – Dégage ! J'vais lui éclater la tête !

Bébel. – Tu lui feras rien du tout.

Nanard. – T'as raison, c'est moi qui vais m'occuper de son cas. J'vais lui niquer les yeux, lui bouffer le foie, lui défoncer la caisse !

ROCKET. – Vas-y, Nanard, explose-la !

BÉBEL. – Arrêtez !

ROCKET. – C'est pas toi qui nous en empêcheras.

BÉBEL. – Si !

NANARD. – T'es tout seul dans ton futal, monsieur le non-violent ?

LE CAPITAINE. – Non, il est pas tout seul. Et moi j'ai rien contre la violence.

ALEXANDRA, *relevant ses manches*. – Et moi non plus !

ROCKET. – Toi, tu vas manger bon. *(Bébel lui stoppe le bras qu'elle levait sur Alexandra.)* Aïe ! Lâche-moi !

BÉBEL. – Tire-toi !

ROCKET. – Tu me le paieras, bâtard de ta mère !

NANARD. – Tirons-nous ! Ça vaut mieux pour eux. Ces espèces de… *(Le Capitaine avance vers lui.)* Ah !

ROCKET. – Et comment tu veux qu'on se tire de ce caillou perdu, abruti ? Le seul moyen de se barrer de l'île, c'est le rafiot de c't'enfoiré.

LULU. – Oh ! y a pas que le bateau ! Y a aussi le Gois.

ROCKET. – Le quoi ?

ALEXANDRA. – Le Gois, ignare. C'est une route qui relie l'île au continent, mais qui ne se découvre qu'à marée basse.

LE CAPITAINE. – Comme en ce moment. La marée sera haute que dans… *(Il regarde sa montre.)*… trois bonnes heures.

Nanard. – Où qu'il est ce grois ?

Lulu. – « Gois ». On dit « Gois ». À droite du phare. Vous pouvez pas vous tromper. C'est la seule route qui sort de l'île, forcément.

Rocket. – Combien ça fait de kilomètres à pied ?

Le capitaine. – Sept ou huit, pas plus.

Nanard. – Et à vélo ?

Bébel. – Oh ! la couche !

Rocket. – Moi, je préfèrerais me taper dix bornes à pinces que supporter vos gueules plus longtemps !

Nanard. – Moi pareil. Mais on se reverra. On se reverra, c'est moi qui vous le dis.

Le capitaine. – Et peut-être plus tôt que tu le crois, mon gars.

Rocket. – Ta gueule, Haddock ! Allez, viens, Nanard, on s'arrache.

Rocket et Nanard sortent.

Le capitaine. – Nous voilà débarrassés de ces deux calamars.

Lulu. – Quelle histoire ! Merci de m'avoir défendu. Vous ne m'en voulez donc pas trop, vous deux ?

Alexandra. – Pourquoi vous en vouloir ? Vous nous avez bien fait marcher, mais tout ça nous a ouvert les yeux sur la vraie vie.

Bébel. – Et moi, depuis que je les ai ouverts, je ne vois qu'elle.

Le capitaine. – Oh! oh! Y a-t-y d'la frayère qui s'annoncerait?

Bébel. – Ben, il fallait bien que quelqu'un la réchauffe.

Lulu. – Et il vous a réchauffée toute la nuit?

Le téléphone d'Alexandra sonne.

Alexandra, *un peu gênée.* – Oui. *(Au téléphone.)* Allô!… Non, monsieur Morissot… Je suis désolée… Je… Mais… Écoutez… Mais je… *(Soudain révoltée.)* Et puis zut à la fin! Ça suffit! Ça fait des années que vous me traitez comme une moins-que-rien… Taisez-vous! Je m'en moque de ma carrière!… Non, monsieur, vous ne me virez pas, c'est moi qui démissionne! *(Elle raccroche.)* Punaise, ça soulage!

Bébel. – Waouh! Comment tu l'as jeté ton boss!!! Trop forte!

Lulu. – C'est courageux, mais c'est pas bien malin. Qu'est-ce que vous allez faire à présent?

Alexandra. – Je ne sais pas, mais je m'en fiche. J'ai Abdel.

Bébel. – Et moi, j'ai Alexandra. On est bien, c'est tout. On pourrait peut-être rester ici et y travailler?

Le capitaine. – Travailler sur Ouassec? Vous êtes fous!

Lulu. – Il n'y a pas de boulot pour vous. On n'a pas de banque.

Le capitaine. – On n'a pas non plus de H.L.M. ou de…

Bébel. – Ça, on s'en passera facilement. Mais je pourrais travailler sur un bateau.

Le **capitaine**. – Faut reconnaître que c'est un vrai marin ce jeunot.

Alexandra. – Moi, je pourrais peut-être vous aider ici. Au moins quand il vient des touristes.

Lulu. – Pourquoi pas ? Mais le salaire sera maigre.

Alexandra. – Ça n'a pas d'importance.

Bébel. – Et moi je sais comment en faire venir des touristes !

Lulu. – Ah bon ?

Bébel. – Ouais, faudrait lancer un festival de zic.

Lulu. – Hein ?

Alexandra. – Un festival musical.

Bébel. – De rap, par exemple.

Le capitaine. – Sur Ouassec ?

Lulu. – Du rap sur une île bretonne ?

Bébel. – Ben, on fera dans le rap breton !

Alexandra. – Du rap celtique. Ce serait original. Des milliers de jeunes viendraient.

Bébel. – Du rap un peu comme celui-là… *(Il chante.)*
« Lulu elle est trop top,
Elle est plus balèze qu'Robocop.
Parmi les Bretonnes,
Elle tonne, elle étonne et elle détonne
Mais jamais elle déconne.
Les rapaces, elle les fout par terre,

Les relous, elle les fout en l'air
Mais elle t'adore si t'es sincère.
Elle a un cœur gros comme la mer,
Dans tout le Finistère,
C'est la meuf qu'on préfère, yo ! »

LULU, *applaudissant.* – Bravo, bravo ! Bravo et merci !

LE CAPITAINE. – C'est pas du Cloclo, mais c'est pas si mal.

BÉBEL. – Alors, ça vous dit pas d'essayer ?

LULU. – Ça me tente bien ce truc. Ça animerait un peu l'île.

ALEXANDRA. – Sans doute un peu beaucoup !

LULU. – Ça me… Comment vous dites, déjà ? Ah oui ! Ça me branche.

ALEXANDRA. – Super !

BÉBEL. – Trop cool ! Tope là ! Cool !

LULU. – C'est ça, on va se la couler douce. Oh ! en parlant de couler, Loïc, tu veux pas regarder aux jumelles ? Ça doit être l'heure.

BÉBEL. – L'heure de quoi ?

LE CAPITAINE. – De la marée montante.

LULU. – Les deux terreurs qui sont parties en courant sur le Gois doivent être en train de patauger.

ALEXANDRA. – Mais vous leur avez dit qu'ils avaient trois heures avant que…

Lulu. – … avant que la mer soit pleine ! À malin, malin et demi ! Et comme ces deux-là ont été baptisés avec de l'huile de lièvre, ils ne se sont plus rappelé qu'ici la marée montait à la vitesse d'un cheval au galop.

Alexandra. – Ils vont se noyer ?

Le capitaine. – Mais non ! On sait ce qu'on fait ! C'est pas les premiers qu'on piège.

Lulu. – On fait ça depuis qu'on est tout gosses. On a des dizaines de Parigots à notre tableau de chasse. Ils ont eu largement le temps d'atteindre les premiers poteaux de refuge.

Le capitaine. – Sont d'ailleurs en train de grimper. *(Il rit.)* On dirait des cormorans mazoutés !

Bébel. – Bien joué ! Ça leur fera les pieds !

Alexandra. – Vous allez les laisser toute la marée accrochés à un poteau ?

Le capitaine. – Non, je vais aller les secourir avec « La Marie-Claudette », mais ils ont intérêt à être polis. Je leur avais bien dit qu'on se reverrait plus tôt qu'ils le pensaient. Kenavo les amoureux ! *(Il sort en chantonnant.)* « Ça s'en va et ça revient… »

Lulu. – Justement, revenons à votre idée de festival de musique. Faut un minimum de sous, non ?

Bébel. – Ça, c'est vrai que si on veut deux, trois groupes un peu branchés…

Alexandra. – Et puis faut des infrastructures, des chapiteaux, des scènes, des super sonos…

Bébel. – Ouais, c'est vrai qu'on rêve un peu. Faut vachement de thunes, en fait.

Alexandra. – Dommage ! C'était une super idée.

Lulu, *montrant un papier*. – Ça suffirait ça ?

Bébel. – Waouh ! J'ai jamais vu autant de zéros !

Lulu. – Je sais même pas combien ça fait.

Alexandra. – Qu'est-ce que c'est ?

Lulu. – Ce que j'ai gagné au loto, au vrai.

Alexandra. – Vous avez…

Bébel. – Sans déc' ? Vraiment ?

Lulu. – Vraiment !

Bébel. – Tout ça ?

Alexandra. – Mais alors, votre neveu et votre nièce…

Lulu. – … n'ont que ce qu'ils méritent. En fait, j'ai tout combiné. En disant à ce bavard de Loïc que j'avais décroché la timbale, j'étais sûre que ça leur arriverait aux oreilles. C'était un bon moyen de les faire enfin venir me rendre visite et de voir en quelle estime ils me tenaient. J'ai pas été déçue. Ils viennent de passer à côté d'une belle somme.

Alexandra. – Une belle somme ? Vous plaisantez ? C'est une fortune ! Une énorme fortune ! Ça représente au moins dix fois le capital de la BMC !

Lulu. – Vont faire la gueule aussi, ceux-là.

ALEXANDRA. – Ça leur apprendra. Je vous aiderai à le placer ailleurs.

BÉBEL. – Et vous voulez bien en investir un peu sur le festival ?

LULU. – Évidemment ! Et un peu sur vous aussi… parce que… *(Elle chante en rap.)*
« Même si elle n'est pas votre tante,
La Lulu est contente,
Car, si on ne choisit jamais sa famille,
On peut toujours choisir ses amis, yo ! »

ALEXANDRA et BÉBEL. – Yo !

RIDEAU

3e trimestre 2014
1re édition, dépôt légal : août 2014
N° d'édition : 201439
ISBN : 978-2-84422-959-5